Stephan de Vogel

FC St. PAULI 2023 / 2024

Eine Saison mit Happy End

Neue Gedichte auf dem Weg in die 1. Fußball-Bundesliga

1. Auflage August 2024

© 2024 by Stephan de Vogel
Herstellung und Verlag:
BoD – Books on Demand, Norderstedt
ISBN: 9783759769299

Bildrecht auf dem Cover: Pixabay

Eigentlich wollte ich keine FC St. Pauli-Gedichte mehr schreiben. Eigentlich... Es war immer so schmerzhaft, über *jedes* Spiel etwas schreiben zu müssen. Und zu oft machte ich mir riesengroße Hoffnungen. Und dachte, jetzt endlich schaffen wir es mal, eine ganze Saison gut zu spielen, und nicht immer nur eine halbe (-;
Immer noch habe ich das Problem (Nachwirkungen von einer Überdosis FC), dass ich Spiele oft nur in der Konferenz sehen kann, weil ich unterbewusst denke, es geht wieder alles schief (*Und wenn man auswärts 3:1 führt, und dann doch wieder verliert, dann ist der Tag total versaut, erst recht, wenn man Premiere schaut...*)
Premiere gibt es nicht mehr, inzwischen sehe ich Sky. Und Corona ist über die Welt hereingebrochen. Und weil ich Risikopatient bin, hatte ich mich schweren Herzens dazu entschieden, letzte Saison meine Dauerkarte, die ich jedes Jahr bekomme, wegen lebenslang, zu verkaufen. Und im Oktober 2022 bekam *ich* dann tatsächlich Corona, was eigentlich nicht so schlimm war. Doch leider gibt es auch Post-Corona oder Long Covid. Es ist wieder Oktober, fast ein Jahr später, und mehr oder weniger leide ich immer noch darunter, mit wenigen Unterbrechungen. Aber wenigstens weiß ich meine Dauerkarte in guten Händen. Ich habe sie

wieder an eine Teamkollegin aus der FCSP-Marathonabteilung verkauft. Und ich bin so froh, dass es Sky gibt!

Und ich weiß auch, warum ich keine Gedichte mehr schreiben wollte. - In den 90ern gabe es den Film *Waynes World*. Und genauso wie Wayne und Garth, die vor Alice Cooper knien und rufen: *Wir sind unwürdig! Wir sind unwürdig!* Genau so fühle ich mich hinsichtlich dem FC St. Pauli momentan auch!!!
Aber ich kann einfach nichts dagegen tun! Gedichte-Schreiben liegt mir im Blut. Und wenn ich nicht so viele Verletzungen gehabt hätte, würde ich auch immer noch im Tor stehen. Und (das ist jetzt meine Art von Humor) als mir ein Mitspieler mal gesagt hatte *Du bist ein guter Torwart!* hatte ich erwidert *Das stimmt nicht! - Ich bin ein* sehr *guter Torwart!* (-; Humor hat man eben, oder man hat ihn eben nicht. - Im Tor zu stehen fehlt mir fast genauso wie die Besuche der Heimspiele in der Gegengerade.

Aber trotzdem, nun, wo ich weiß, dass es eben nicht anders geht, genieße ich es, die Spiele des FCSP in HD und das Topspiel der Woche (Samstag 20 Uhr 30) sogar in UHD sehen zu können.
Warum dieses „Ich-bin-unwürdig-Gefühl"? _Ich bin seit fast 4 Jahrzehnten St. Pauli-Fan. Und ich denke, wir waren noch <u>nie</u> so gut, und wir hatten

in all der Zeit auch noch nie einen so guten Trainer wie jetzt. Und ich weiß, auch, wenn ich ihn quasi in den Himmel hebe, wird Fabian Hürzeler, falls er das hier lesen sollte, immer noch mit beiden Beinen auf dem Boden stehen bleiben. - So einen Trainer habe ich noch nie erlebt! Selbst, wenn wir gewinnen, sieht er oft noch Potential, wo wir uns verbessern können. Und die Spieler leben es ihm nach.

Ich hätte überhaupt nichts dagegen, wenn die Tabelle am Ende der Saison genau so aussieht wie im Moment.

Im Moment sind wir in Hamburg die Nr. 1 und nicht mehr die Nummer 2. Und so lange dieser Zustand andauert, werde ich ihn genießen...

Um noch mal auf Fabian zurückzukommen: In den ersten 26 Spielen seiner Amtszeit gab es nur 2 Niederlagen und (wenn Sky gestern richtig gerechnet hat) sagenhafte 57 Punkte!

Was würden *die ärzte* dazu sagen?

Wie sind die Besten,
im Osten und im Westen,
im Süden und im Norden,
an Küsten und an Fjorden!

Also noch einmal: Humor hat man, oder man hat ihn eben nicht!

Saison
2023–24 ▾

Verein	Sp	S	U	N	T	GT	TD	Pkte	Letzte 5
1 St. Pauli	8	4	4	0	13	5	8	16	🟢🟢🟢⚪⚪
2 HSV	8	5	1	2	16	9	7	16	🟢🔴🔴🟢🟢
3 Hannover 96	8	4	3	1	19	8	11	15	⚪🟢🟢⚪🔴
4 Holstein	8	5	0	3	14	14	0	15	🟢🟢🔴🟢🟢
5 Düsseldorf	8	4	2	2	14	6	8	14	⚪🟢🟢🟢🟢
6 FCK	7	4	1	2	13	11	2	13	⚪🟢🔴🟢🟢
7 1. FC Magdeb…	7	3	3	1	17	13	4	12	🟢🔴⚪🟢🟢
8 Hansa Rostock	8	4	0	4	10	12	-2	12	🟢🔴🟢🔴🟢
9 SC Paderborn	8	3	2	3	11	14	-3	11	🟢🟢🔴🟢🔴
10 Elversberg	7	3	1	3	10	13	-3	10	🟢🟢🟢🔴🔴
11 Hertha	8	3	0	5	16	15	1	9	🔴🟢🟢🔴🟢
12 FCN	7	2	3	2	11	13	-2	9	⚪⚪🔴🟢🟢
13 Greuther Fürth	7	2	2	3	12	14	-2	8	🟢⚪🔴🟢⚪
14 KSC	8	2	2	4	12	15	-3	8	🔴🟢🔴🟢🔴
15 SV Wehen	8	2	2	4	6	10	-4	8	🟢🔴🔴🟢🔴
16 Schalke	8	2	1	5	13	18	-5	7	🟢🟢🔴🟢🔴
17 BTSV	8	1	2	5	5	12	-7	5	⚪🔴⚪🔴🔴
18 VfL Osnabrück	7	1	1	5	8	18	-10	4	🟢🔴🔴🔴🔴

Letzte 5 Spiele
🟢 Sieg
⚪ Unentschieden
🔴 Niederlage

Status Quo

Was soll ich denn
hier bloß schreiben?
Oder lass ich's
lieber bleiben?

Mein St. Pauli?
Nicht zu fassen!
Begründungen
werde ich lassen

Obwohl...

Wer meint,
das ich hier Zeit vergeude?
Es ist ne Ode
an die Freude!

Der beste Club
auf dieser Welt!
Und jeder Spieler
ist ein Held!

Der Trainer ist
ein Trainer-Gott!
Ich hoffe, er geht
niemals fott

Nicht, dass ihn holt
der DFB,
das täte mir
im Herzen weh

Zum Schluss
St. Pauli, Sensation,
ist klar:
You'll never walk alone!

Und das muss fürs erste reichen...

Gestern und Heute

Gestern war
das Leben schwer -
Heute eher
nicht so sehr

Gestern war
der Abstieg nah -
Heut ist das Leben
wunderbar

Gestern scheint
sehr lange her,
und ich finde,
das ist fair

Gestern, also
vor langer Zeit,
ist jetzt Früher,
weißte Bescheid?

Früher war
der Abstieg nah,
heut ist fast
alles wunderbar

Heut scheint die Sonne,
auch, wenn es regnet
und wir sind
irgendwie gesegnet

Der Fußballgott
auf unsrer Seite,
fast schon ein Fremdwort:
Eine Pleite

Ich kann nicht
in die Zukunft sehn,
doch ich bin sicher:
Sie wird schön!

Lasst mich aus
dem Gedicht nun scheiden,
auch das Heute
kann ich leiden...

Einen noch... (-;

Einmal muss ich
es noch sagen,
und dann könnt ihr
mich gerne schlagen

(Ich gebe zu,
bei meiner Ehre:
Es könnte sein,
dass ich mich wehre...)

Fußball wie vom andern Stern,
dass hab ich bei St. Pauli gern!

Die Besten im Kicken
waren wir nie,
aber jetzt sind wir's,
St. Pauli

Die Freude,
die ist ungehemmt,
und ich genieße
den Moment

St. Paulis Himmel,
er ist heiter -
Ich hoffe, es
geht auch so weiter

Darauf ein Astra,
ich hebe mein Glas -
St. Pauli macht mir
wirklich Spaß!

Ich würde gern
ein Goethe sein,
wie Goethe,
so spielt mein Verein -

Aber das werd ich
nie erreichen,
doch für de Vogel
muss es reichen

Und das ist auch nicht
ganz so schlecht,
das find ich wirklich,
aber echt (-;

Vorfreude ist die schönste Freude…
(vor dem 9. Saison-Spiel)

20 Uhr 30 geht es los
(die Aufregung ist grenzenlos)
Werden wir das auch bestehen?
Und wird die Serie weitergehen?

Heute ein Touch von Religion,
ein bisschen Glaube hilft ja schon
Was für einen Dreier sprich:
Ich glaub an Pauli, zweifel nicht

Wenn wir heute Abend gewinnen,
sind wir wieder als Erster drin

Bestes Pauli seit Jahrzehnten,
was Dichters Worte schon erwähnten
Und unser Trainer? Ganz, ganz groß!
Wie macht er das mit Pauli bloß?

Sind die Gedichte Dritte Liga?
Egal, ich fühl mich wie ein Sieger,
wenn ich über Pauli schreibe
Und ich verspreche, dass ich bleibe,
bis zum Ende der Saison
(das habt ihr alle nun davon (-;)

Jetzt muss ich doch mal ein paar Zeilen schreiben...

Manchmal glaube ich, ich träume das alles nur, aber (hab mich grad gekniffen) ich bin wach. Tusche sagte gestern bei Sky, dass der FC St. Pauli momentan das Nonplusultra ist und den besten Fußball der 2. Liga spielt. Da will ich ihm wirklich nicht widersprechen (-;

Gestern das 5:1 gegen Nürnberg und die erneute Tabellenführung. In den ersten 27 Spielen unter Fabian Hürzeler gab es sagenhafte 60 Punkte. Und wo das letztendlich hinführen wird? So spielt ein Aufsteiger!

Und so spielt ein Aufsteiger

Zauberfußball, Freudentänze,
und der Himmel ist die Grenze
Das beste Pauli aller Zeiten
darf ich diese Saison begleiten

Der HSV?, er stolpert wieder,
doch keine Häme (da legst di nieder (-;)
Gestern wieder ein Vergeiger,
nur 1 Punkt gegen 3 Aufsteiger

Aber davon jetzt genuch,
denn das ist ein Pauli-Buch!
Pauli, das seit Jahrzehnten Kult war,
ist nun auf einmal Nonplusultra

Das heißt, nicht einer von ganz vielen,
und besser *kann* man gar nicht spielen!

Der Dichter, immer live dabei,
am TV und es läuft Sky
Ein kühles Bierchen schäumt im Glas
St. Pauli, dass macht einfach Spaß

Die 2. Liga, die ist hart -
genießen wir die Gegenwart,
und das allerhöchste Glück
ist im Jetzt, im Augenblick

Ich kann nicht in die Zukunft sehen,
aber die Gegenwart ist schön
Ein Kurzgedicht, ich mach die Welle,
und zeige einfach die Tabelle:

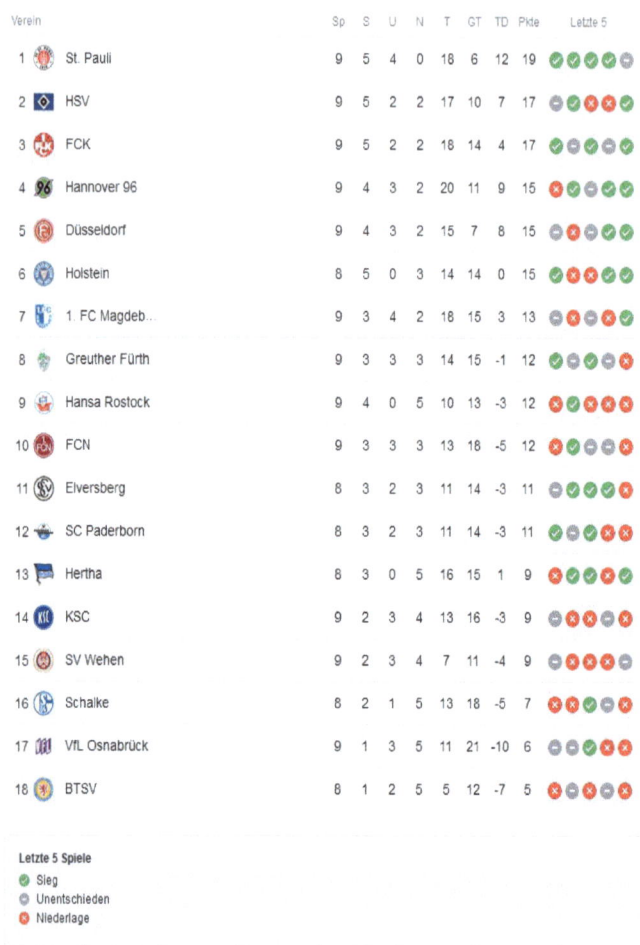

Verein	Sp	S	U	N	T	GT	TD	Pkte	Letzte 5
1 St. Pauli	9	5	4	0	18	6	12	19	
2 HSV	9	5	2	2	17	10	7	17	
3 FCK	9	5	2	2	18	14	4	17	
4 Hannover 96	9	4	3	2	20	11	9	15	
5 Düsseldorf	9	4	3	2	15	7	8	15	
6 Holstein	8	5	0	3	14	14	0	15	
7 1. FC Magdeb..	9	3	4	2	18	15	3	13	
8 Greuther Fürth	9	3	3	3	14	15	-1	12	
9 Hansa Rostock	9	4	0	5	10	13	-3	12	
10 FCN	9	3	3	3	13	18	-5	12	
11 Elversberg	8	3	2	3	11	14	-3	11	
12 SC Paderborn	8	3	2	3	11	14	-3	11	
13 Hertha	8	3	0	5	16	15	1	9	
14 KSC	9	2	3	4	13	16	-3	9	
15 SV Wehen	9	2	3	4	7	11	-4	9	
16 Schalke	8	2	1	5	13	18	-5	7	
17 VfL Osnabrück	9	1	3	5	11	21	-10	6	
18 BTSV	8	1	2	5	5	12	-7	5	

Letzte 5 Spiele
- Sieg
- Unentschieden
- Niederlage

Glaubt mir, wenn ich einfach sage:
Heute ist kein Tag der Klage
Der nächste Sommer, er wird schön,
und wo wird dann St. Pauli stehen?

Dann kann man gern den Dichter loben
Ich sag: Wir stehen ganz weit oben!!!

Ein bisschen FCSP-Lebensphilosophie
Oder: Das Wort zum Sonntag

Vorbilder sind wirklich gut
(wenn man sich dran halten tut)
Auch wichtig ist: authentisch sein,
man sollte auch man selbst noch sein

Manch einer findet das wohl doof,
denn heut bin ich ein Philosoph
Aber ich sage dir, mein Schatz:
Die Vorbilder stehen auf dem Platz

Unfassbar gut, unser Verein,
das kann ja echt ein Vorbild sein
Ich werd den Reim nun gleich verlassen
versuche mal, mich kurz zu fassen:

Ich werd ab jetzt in meinem Leben
immer nur das Beste geben
Halt, halt, halt – kein Grund zum Fluchen:
Das heißt, ich werde es versuchen!!

Und das ist auch ein hehres Ziel -
Nicht wenig, und echt ganz schön viel...

Länderspielpause

19 Punkte und 9 Spiele,
Spiele wenig, Punkte viele
Die Aufstiegsfeier – noch verschoben,
doch Pauli grüßt von ganz, ganz oben

Länderspielpause, Spitzenreiter,
ich hoffe, es geht auch so weiter
Dass wir nicht aus der Kurve fliegen,
wir können uns nur selbst besiegen!

Ein früher Morgen, und ich bin wach
St. Pauli macht mich wirklich schwach (-;
Herbstlaub, es fällt von den Bäumen,
und ich bin weiter nur am Träumen

Zweitliga-Meisterschale küssen?
Nächsten Mai werden wir es wissen
Bis dahin viele gute Spiele,
ich hoffe, das sind dann ganz viele!

Ein Herbstgedicht

Es ist schon wieder Herbst,
und das ist wirklich derbst
Die Blätter fallen von den Bäumen,
wir können noch vom Aufstieg träumen

Ich hoffe, es gibt kein Erwachen,
und Pauli lässt es weiter krachen
Für vieles will ich dankbar sein,
und nicht nur für meinen Verein

Und ich weiß, wie ich es fände,
wär ich nun schon im Wochenende
Die Arbeit ruft, ich ruf zurück,
denn ich hab frei, was für ein Glück!

Der Herbst macht seine Schultern breit,
und bald ist wieder Weihnachtszeit
Zum Wetter sagen wir: Herr Ober,
bring uns nen goldenen Oktober

Ein Oktober mit viel Sonne,
und Pauli-Siegen, eine Wonne
Auch einen Dank zum Fußballgott
Das Pauli-Schiff, es fährt echt flott

Eine Saison ohne Vergeigen?
Das werden wir mal sehen
Aber ohne abzusteigen?
Das ist sicher, und auch schön!

Und jetzt muss ich zur Arbeit gehn,
das ist meistens auch sehr schön
Wochenende ist dann Morgen,
bei Pauli gibt es keine Sorgen!

Die Muse, sie hat mich geküsst

Die Muse, sie hat mich geküsst -
ihr wisst ja gar nicht, wie das ist
Das heißt, ich muss schon wieder schreiben,
und ich kann's nicht lassen bleiben

(Eigentlich heißt es bleiben lassen,
aber der Reim wär nicht zu fassen!)

Also nochmal ein Kurzgedicht,
ergeben werden wir uns nicht
Und Hamburgs Nummer 1 sind wir,
und haben auch das bess're Bier

In der fast besten aller Ligen
können wir uns nur selbst besiegen
Und wir werden nie aufgeben,
damit müssen alle leben

17 Vereine werden uns jagen,
wir können uns nur selber schlagen
Nächste Saison – können wir da feiern?
Und sind wir besser als die Bayern?

Die Bayern murren: *Blasphemie!*
Doch göttlich ist ja St. Pauli!
So heißt auch unser Präsident,
den man in Bayern wohl nicht kennt

Ich seh den Wald vor lauter Bäumen,
und es ist schön, so was zu träumen
Meine Träume werden nicht kleiner,
das sagt euch euer Pauli-Reimer

Zur Zeit hab ich viel Phantasie,
und kleide sie in Poesie
Denn hier schreibt eben ein Poet,
der total auf Pauli steht!

War es vielleicht so gewesen?
(Ein Gedicht, wie für den Tresen)

Der Fußballgott, Er wollte raus,
war eingesperrt, in Seinem Haus
Die Beziehung, leicht verkracht,
Seine Göttin hatte Macht

Sie sagte wohl: *Was willst du, Klaus?*
Ich lass dich hier jetzt nicht mehr raus,
wenn du nur deine Zeit verschenkst,
und immer nur an Pauli denkst

Sag, liebst du mich? Bin Ich's dir wert?
Jetzt wirst du erstmal eingesperrt!
Seine Göttin nahm Ihm Macht,
nix ging mehr, und Er war geschafft

Er gab Pauli immer Segen,
doch konnte Er nichts mehr bewegen,
meistens für ein halbes Jahr
(was für St. Pauli scheiße war...)

Aber (nun der Dichter spricht)
die Rettung kam durch ein Gedicht

Mein Herz, dir nicht zu Füßen liegen,
wär wie für immer abgestiegen!
Und ich, ich lauf ja nicht davon,
ist Pauli nur, und Stadion

Der Fußballgott war angekettet,
doch *das* Gedicht hat Ihn gerettet
Er durfte wieder aus dem Haus,
und gab mir erst mal einen aus

Zusammen gingen wir einen Saufen,
mit auf dem Kiez total Verlaufen
Und Ihn, Ihn plagte sein Gewissen,
denn für St. Pauli lief's beschissen

Er war breit, und voll am Schwanken,
und wollte mir nur einfach danken
Er sah mich an, dachte kurz nach,
bevor Er diese Worte sprach:

Siehst du dort diesen Sonnenstrahl?
Ab jetzt ist Pauli ohne Qual!

Plötzlich wachte ich dann auf,
und die Sonne, sie ging auf
Aber ich blieb noch etwas liegen -
St. Pauli würde wieder siegen...

Der Fußballgott hat wild gefeiert,
danach den Kiez dann vollgereiert
Er war nun wieder ganz weit fort,
aber Er gab mir sein Wort

Und ihr wisst, was dann geschah,
das war ganz einfach wunderbar!
Man muss sich einfach ständig kneifen,
kann dies St. Pauli kaum begreifen...

Vielleicht war's so, man weiß es nicht,
aber schön ist das Gedicht
Deshalb: Ihr solltet *nie* versäumen,
ab und an auch mal zu träumen

Wer weiß, ob's wirklich so geschah?
doch Träume werden auch mal war!
Und eines sag ich euch zuletzt:
Traumhaft ist das Hier und Jetzt!!!

Länderspielpause II

Tu ich mir das heute an,
das erste Spiel von Nagelsmann?
Deutschland gegen USA,
Pauli ist meinem Herzen nah

Mal sehen, was der Abend bringt,
ob das nach out of Pauli klingt

Dafür ist doch immer Zeit: Ein Blick in die Vergangenheit...

War wirklich die Frau des Fußballgottes schuld, dass es lange Zeit bei St. Pauli immer nur in einer Saisonhälfte gut lief? Und hatte ihn mein Gedicht gerettet?
Mh, man weiß es nicht so genau...
Beim Aufräumen fand ich gerade ein paar Gedichte. Beim ersten Gedicht war ich wohl nicht so gut drauf gewesen.

15. Spieltag (bisher nur 3 Siege...)

St. Pauli kann noch Fußball spielen.
Nur Tore können wir nicht erzielen
Und deshalb sind wir fast nie Sieger -
nächstes Jahr dann 3. Liga...

Das war kurz und schmerzvoll. Möglicherweise sind meine Fußballgedichte die am wenigsten beachteten im bekannten Universum. Ich poste ab und zu mal ein Gedicht im Forum der Marathonabteilung des FC St. Pauli. Die Zugriffe darauf sind selten mehr als 20, aber das kümmert mich nicht!

Das zweite Gedicht schrieb ich, als Fabian Hürzeler das Traineramt gerade übernommen hatte und es wieder aufwärts ging. Da konnte ich noch nicht ahnen, dass das der Beginn einer Serie von unglaublichen 11 Siegen in Folge sein sollte. Es war der 18. Spieltag einer bis dahin katastrophalen Saison, und St. Pauli siegte am 29.01.2023 in Nürnberg mit 1:0.

Ein schöner Tag

Heute ist
ein schöner Tag,
denn das war ein
Befreiungsschlag

Endlich wieder
Auswärtssieg,
das fühlt sich an
wie Champions League

St. Pauli fliegt hoch
auf Platz 10,
davon kriegt man
fast einen stehen

Das ist wahre
Satisfaction,
(von Turbonegro)
I get erection!!!

Und wo wir beim Thema *Forum der Marathonabteilung* sind, da bin ich gerade drin. Und habe noch ein paar Gedichte gefunden, von deren Existenz ich nichts mehr wusste. Das ist auch ein bisschen das Problem bei Long-Covid: Man ist nicht nur dauernd erschöpft, sondern kann sich auch nur schwer konzentrieren, und das Gedächtnis ist zusätzlich noch etwas auf Alzheimer-Niveau. In der Zeit von November 2022 bis Mai 2023 war das noch ziemlich schlimm. Aber ich freue mich trotzdem darüber, was ich da an Schätzen entdeckt habe (-;

Das nächste Gedicht ist vom 11. März 2023. St. Pauli hatte gerade in der 2. Liga den 7. Sieg in Folge abgeliefert.

(Fast) sprachlos

Der beste Club
auf dieser Welt!
Alle Rekorde
eingestellt (?)

Vor Glück hätte
ich fast geweint (-;
St. Pauli siegt,
die Sonne scheint

Die Welt, die muss
ich nicht verstehen
So kann es gerne
weitergehen

Pauli ist immer
wunderbar
Und vielleicht wird's
ein Pauli-Jahr

Noch einmal siegen,
und nicht vergeigen,
dann können wir
nicht mehr absteigen

Am Millerntor
gibt's Freudentänze,
und der Himmel
ist die Grenze...

Am 22. April schrieb ich das nächste Gedicht im Forum der Marathonabteilung. Einen Tag vorher hatten wir im Volkspark mit 3:4 verloren.

Auf Augenhöhe
(nach dem Derby...)

Verloren ist nicht,
was ich hier sehe
Es war ein Spiel
auf Augenhöhe

Ein Spiel mit
Erstligaformat
Uns fehlte Glück,
und das war hart!

Wann war St. Pauli
je so gut?
Ich ziehe weiter
meinen Hut

Verloren, gespielt -
nicht nur gebolzt,
auf mein St. Pauli
bin ich stolz

Dies Derby,
eins der besten Spiele,
und davon gibt es
nicht so viele

Wir sind auf einem
guten Weg
Ich hoff, dass er
so weitergeht

Viele verstehen es nicht,
und doch:
Das Herz von St. Pauli
schlägt immer noch!

Und es wird noch
lange schlagen
Auch in der Zukunft
(in fernen Tagen)

Mehr Gedichte aus der Rückrunde der letzten
Saison habe ich nicht gefunden. - Ich hatte es
schon erwähnt: Das war wirklich nicht mehr
mein St. Pauli, wie ich glaubte, es gekannt zu
haben. Und ich war quasi vor Ehrfurcht wie
erstarrt.

Zurück im Goldenen Oktober

Ein Wochenende
und kein Spiel
mit Paulianern
(fast zu viel)

Deshalb hab ich
es erwogen:
Ich versuch mal
Ersatzdrogen

Ein kleiner Scherz
am Rande,
da bin ich
zu imstande

Ich schau mir
eine Mannschaft an,
eine, die uns
nicht schlagen kann

Doch schlechter als Deutschland
kann man ja kaum spielen
Zumindest bisher
(so weit weg von den Zielen)

Ich drück die Daumen für Nagelsmann,
denn sonst muss Hürzeler noch ran,
und der soll bei Pauli bleiben,
also besser nicht weiterschreiben (-;)

Gestern habe ich doch tatsächlich das Länderspiel auf Rtl gesehen. Deutschland hat 3:1 gegen die USA gewonnen. Die USA war Favorit und ist in der Weltrangliste auf Platz 11, Deutschland ein paar Plätze dahinter. Das kann man natürlich niemals mit dem FC St. Pauli vergleichen! Denn diesen Verein liebe ich!
Jedenfalls kommt hier noch ein Gedicht. Das erste in dem der FSCP und die Deutsche Nationalelf beide vorkommen. (Obwohl wir natürlich besser sind (-;)

Noch mal Glück gehabt!

Alter Schwede, bloody hell!
Was war *das* Spiel gestern schnell
Da ist zwar noch viel Luft nach oben,
doch Nagelsmann, den kann man loben

Der Text tut sich ins Jetzt verschieben,
den Rest hab ich beim Spiel geschrieben

Wie schaffen die das, so zu rennen?
Man sieht, dass sie's nun besser können
Das war wirklich mal kein Mist,
kein Fußball, der einem peinlich ist

Die laufen alle echt so schnell,
als wären sie Hasen von Duracell
Mit noch vollen Batterien,
die fleißig ihre Bahnen ziehen

Und das wirkt echt so, ungelogen,
als wären alle unter Drogen
Vielleicht gab es (Land of the Free)
ein kleines Bisschen Extasy

Ein Fazit kommt hier noch zum Schluss,
das war wirklich kein Verdruss
Musste mich nicht am Bier verschlucken,
kann wieder Länderspiele gucken

Ich atme *so* tief durch beim Schreiben,
der Hürzeler kann bei uns bleiben!

Obwohl ich sach mal, Nagelsmann
kommt an den Hürzeler nicht dran
Der DFB sieht das nicht so,
darüber bin ich wirklich froh!

11. Spieltag
Paderborn : Pauli (2:2)
Kein leichtes Spiel

1. Halbzeit

Wir haben schon sehr viel erreicht,
doch dieser Gegner ist nicht leicht
Für Pauli-Fans kein Schenkelklopfer,
Paderborn: Gegner, nicht Opfer

Aber wir zeigen allen die Kelle:
1. der Zweitligatabelle

Ich halt das Tablet in der Hand,
fernab von der Waterkant
Auf Mallorca mit Sky Go,
auch da macht mich St. Pauli froh

Die 1. Hälfte, wir liegen zurück,
ein Traumtor war des Gegners Glück
15 Spiele ungeschlagen?
Nach Halbzeit 2 kann ich es sagen

2. Halbzeit

1:1 ganz früh, wir sind zurück
Und das war Können, und kein Glück

Wir haben schon so viel erreicht,
und hier nun ein (kleiner) Vergleich:
Ostfriesland – das ist Ottifant
St. Pauli – das ist dominant

Was geschehen soll, soll geschehen,
doch wir sind wieder souverän
Wir lassen hier heute nichts liegen,
sind mit nem Punkt heut nicht zufrieden

2:1 für uns, das Spiel gedreht,
ihr den Tabellenführer seht
Doch schade: in den Arsch gekniffen,
Paderborn hat ausgeglichen

Ein Abseitstor (oh, meine Nerven...)
von Paderborn, Spannung verschärfen
Das war heute echt nicht leicht,
aber für Pauli hat's gereicht

Und darauf einen Doppelkorn:
Nicht verloren in Paderborn!

12. Spieltag
St. Pauli : KSC (2:1)
Oder: Schlechte Gefühle?

Mein Gefühl heute ist bös,
und ich bin fürchterlich nervös...

1. Halbzeit

Es muss ja irgendwann passieren,
dass wir mit Pauli auch verlieren
Unschlagbar! 15 Mal am Stück,
aber nun liegen wir zurück

Dazu schreibe ich keinen Quark,
die 2. Liga ist so stark

Ein Wunder fast, nicht zu vergeigen
So viele könnten noch aufsteigen
St. Paulis Spiel ist eine Kunst,
(ich mein: so viele, zusammen mit uns! (-;)

2. Halbzeit

Schluss mit Sky in Konferenz,
wird das ne Qual für Pauli-Fans?
Ob's für uns noch was werden kann?
Egal! Ich schaue es mir an!

Ein 0:1 nehmen wir nicht hin,
2 Stürmer rein noch, und All In
Das heißt, wir hauen alles rein,
und wollen heut der Sieger sein

Mein Torschrei brüllt, der Ball ist drin,
St. Pauli kriegt es wieder hin
Ein Punkt auf unsrer Habenseite,
bedeutet schon mal keine Pleite

90 + 3, ein wenig spät,
unfassbar!, noch das Spiel gedreht
2:1 für uns, nur noch Sekunden,
die sich fast anfühlen wie Stunden

Die Moral, die muss ich loben,
Pauli thront weiter ganz, ganz oben
Noch Luft nach oben, doch eine Wonne,
letzter Tag Urlaub, ab in die Sonne

Wie schön, dass es St. Pauli gibt,
dafür wird Fußball so geliebt
Dieses Spiel, unfassbar schön,
so was würd ich gern öfter sehn

So traumhaft schön, kaum zu ertragen:
Seit 16 Spielen ungeschlagen
in dieser starken 2. Liga,
St. Pauli ist der Überflieger!

Die letzte Niederlage war
vor mehr als einem halben Jahr
(und es wird <u>nicht</u> noch mal passieren,
dass wir gegen Rothosen verlieren!!!)

DFB-Pokal zu Halloween
Oder: Süßes oder Saures?
St. Pauli : Schalke (2:1)

Wir sind Pokal!
(wieder einmal...)

Erst das 0:1 – so ein Fuck,
aber wir erhöhen den Druck
Trotz Rückstand macht es wieder Spaß,
wir haben ein halbvolles Glas

Und Pauli kommt wieder zurück,
mit Kampfgeist und Elfmeterglück
Die 2. Halbzeit – The Pauli-Way,
Ohne Ende Powerplay

Pauli spielt Schalke schwindelig,
und das gefällt den Schalkern nicht
St. Pauli wieder exzellent
(wie man es von uns ja kennt (-;)

Gelingt uns heute noch der Coup?
30 Minuten kommen dazu

Ich bin ein Fan von Fußball-Feten,
und fange quasi an zu beten:
Mach ihn rein Eggestein
(und genauso soll es sein)
2:1 für Pauli, meinen Verein

Und wieder mal ein Spiel gedreht,
Pauli zeigt Schalke, wie das geht
Wir spielen nun mit Überschall,
und kämpfen echt um jeden Ball

St. Pauli entert
die 3. Runde:
Die Mannschaft des Jahres,
und die Mannschaft der Stunde!

Und so heißt es
wieder mal:
Wir sind St. Pauli,
und wir sind Pokal!

Machtlos gegen den FC

Es tut mir fast schon richtig weh,
das Fußballspiel von meinem FC
Ich weiß nicht, was ich machen soll,
denn mein St. Pauli spielt so toll

Früher klang es bei mir so
(und Pauli machte trotzdem froh):

Was ist das bloß für ein Verein?
Manchmal könnt ich nur noch schreien
Manchmal kann man nichts mehr sagen,
und es ist nicht mehr zu ertragen...

Das war in der Vergangenheit,
fast schon vor einer langen Zeit
Was kann man heut zu Pauli sagen?
Es gibt kaum einen Grund zum Klagen!

FC, Sieger beim Marathon,
läuft allen andern Teams davon
Der HSV ist knapp dahinter,
das Derby kommt noch diesen Winter

Früher war auch viel Verdruss,
heut sind die Spiele ein Genuss
Meistens bin ich sehr entspannt,
das hab ich früher nicht gekannt

Der Fußballgott auf unsrer Seite,
einst im April: Die letzte Pleite
Als Fan sag ich: I have a dream,
St. Pauli ist ein Spitzenteam!

So viele Gründe auch zum Lachen,
ich möchte gar nicht mehr erwachen
Sind wir noch mehr als 10 Mal Sieger,
ist das schon fast die 1. Liga

Dann immer wieder Freudentänze,
und der Himmel ist die Grenze
St. Pauli eilt von Sieg zu Sieg,
und wir kommen in die Champions League

Dieser Traum, er ist so schön,
er kann gern immer weiter gehen
Doch ich weiß, wo St. Pauli steht,
der Traum, der ist Realität...

Ein Fußballgott hat's auch nicht leicht

Der Fußballgott und seine Frau
gehen jetzt oft zum HSV
Er hätt für Pauli gern gesungen,
aber sie hat ihn gezwungen

Jedes Heimspiel muss Er sehen,
da hilft kein Bitten und kein Flehen
Und das hat dann dazu geführt,
dass HSV da nicht verliert

Der Hamburg-Wettlauf hat begonnen,
und jedes Heimspiel wird gewonnen
Deshalb wird's diesmal wirklich knapp
und beide steigen auch nicht ab

In Stellingen ein Seriensieger,
Pauli verliert nicht in der Liga
Total spannend ist die Lage,
und es gibt keinen Grund zur Klage

Die Frau sagt, so ist das gerecht,
von Holsten wird Ihm nicht mehr schlecht
Ob Er's nun mag oder auch nicht,
die Frau ist für ein Gleichgewicht

In der Ehe hat's gekracht,
der Fußballgott hat nachgedacht
Es war für Ihn ne große Qual,
aber Er hatte keine Wahl

Und so wird es wohl passieren,
dass beide Teams kaum noch verlieren
Also fast nicht mehr vergeigen,
und zwei aus Hamburg dann aufsteigen

Er will einen Kompromiss,
Pauli wird Erster, das sei gewiss!
Die Reihenfolge ist ihr egal,
darauf pfeift sie echt total

Friedliche Zeiten haben begonnen,
und beide haben doch gewonnen
Es bringt ja nix, wenn sie rumkeift:
Happy Wife – Happy Life!

12. Spieltag
Elversberg : St. Pauli (0:2)

Das Maß aller Dinge

Was ist nur mit St. Pauli los?
Wir spielen einfach grandios
18 x nun ungeschlagen,
weltklasse könnte man da sagen

Und ich muss alle Spieler loben,
das Niveau ist ganz weit oben!
Zwei der Spieler werd ich nennen
(die müsste eigentlich jeder kennen...):

Mach ihn rein, Eggestein!

6 Mal in Folge schon getroffen,
vielleicht wird das noch übertroffen
Ein echter Knipser auf dem Platz,
fürs Pauli-Herz ein großer Schatz

Und cool wie nie, Vasili!

Auch darum sind wir nun so gut,
er hat viel Eiswasser im Blut
Und gestern stand wieder die Null,
Vasili – einfach wonderful!

Immer wieder denk ich nach:
Schlaf ich oder bin ich wach?
Es ist echt ein St. Pauli-Jahr,
und viele Träume werden wahr

Auch alle anderen spielen spitze,
ob nun bei Kälte oder Hitze
Im Fußball das *Pauli-Prinzip*,
dass man immer alles gibt

Immer nur das Beste geben -
so ist das St. Pauli-Leben

Wir denken nur von Spiel zu Spiel
(das Ziel erreichen ohne Ziel)
Und wenn wir weiter nicht verlieren,
kann sehr viel Gutes noch passieren...

Ganz kurz in eigener Sache: Ich hatte eine Bewerbung an den FC St. Pauli geschickt, für die es keine Ausschreibung gab, sozusagen als Vereinsdichter. Aber mein Lieblingsverein wollte mich nicht haben. Selbst schuld, oder Pech gehabt könnte man dazu sagen...

Und so kann ich weiterhin, ohne jeglichen Einfluss von außen, und auch ohne Rücksicht auf politische Korrektheit oder ähnliches Gedichte wie das folgende raushauen, und habe weiter meinen Spaß dabei:

P.S.: Mit so etwas mache ich *keine* Scherze: Ich wäre wirklich gerne Angestellter des FC St. Pauli geworden, aber es hat leider nicht sollen sein...

Und noch mehr sagen will ich nicht,
nun aber endlich das Gedicht:

14. Spieltag
Hansa Rostock : St. Pauli (2:3)
Oder: 30 Punkte sind erreicht

Rostock hat es auch nicht leicht,
und 30 Punkte sind erreicht...
Mein Lieblingsgegner Nr. 2
(die Stellinger sind auch dabei)

Will heut nicht an Corona denken,
will dass die Kogge wir versenken
Zum zweiten Mal, wo ich nicht lach,
lieg ich mit Corona flach

3:1 für uns der Halbzeitstand,
das reicht nicht für total entspannt
Doch nach 0:1 ein Spiel gedreht,
zeigt wie Optimismus geht

Ich will nicht überheblich sein,
kann ich auch nicht, wirklich, nein!
Aber ich kann nicht mehr sagen:
Wie war das noch mit Niederlagen?

Vielleicht nix gut, nimmt man den Sucher,
ist heute nur der Chancenwucher
Das macht nen Pauli-Fan so froh:
Das Jammern auf höchstem Niveau!

Zum Schluss wird's für St. Pauli bitter:
Wieder Elfmeter, ein Blitzschlag, Gewitter
Krank, ohne Bier, nix zum Entschärfen
meiner arg lädierten Nerven

Leben heißt Leiden für Fußball-Fans,
das war's mit Sky in Konferenz
Stimmt mich das dann auch gar nicht munter:
Wenn, gehen wir gemeinsam unter...

Die Dominanz, sie ist verschwunden,
Minuten wirken so wie Stunden
Und sieben Minuten Nachspielzeit
Ey sag mal, ist der Schiri breit?

So wie man's nicht von früher kennt,
für Pauli gibt's ein Happy End
Pauli hat alles reingehauen,
und darauf können wir weiter bauen

Der erste Sieg hier seit 12 Jahren,
stolz können die Jungs nach Hause fahren
3 Punkte! Scheißegal ist, wie
Wer ist unschlagbar? St. Pauli

Und wer wird Freitag Derbysieger?
Es geht in Richtung 1. Liga... (-;

Comeback

Etwas zu lang lag ich darnieder,
aber ich weiß, ich komme wieder
Gefühlt zu lange war ich weg,
doch bald, da startet mein Comeback!

Vor nicht allzulanger Zeit -
gefühlt vor einer Ewigkeit,
gab es diese Krankheit nicht,
die mir in den Körper sticht

Post-Corona, gar nicht schön,
dein Propeller kann nicht drehen
Dauernd schlapp und so erschöpft,
die Energie, sie wird geköpft

Aber ich dreh bald an den Zeigern,
und werde mich komplett verweigern,
den Scheiß noch einmal mitzumachen,
viel lieber lasse ich es krachen

Die Angst, sie ist natürlich da,
und das ist gar nicht sonderbar:
Reicht denn diesmal meine Kraft?
Oder bin ich nur geschafft?

Das sind völlig falsche Fragen,
ich will lieber ne Antwort sagen:

Mag auch Erschöpfung noch was dauern,
ich werde voll dagegen powern
Damit hab ich auch schon begonnen
und habe quasi schon gewonnen

Bin kein Athlet, so wie Ter Stegen,
aber ich muss mich nur bewegen
Und das werde ich jeden Tag -
mal sehen, was die Erschöpfung sagt

Ich zwing sie einfach in die Knie,
und sag *Verpiss dich, blödes Vieh!*
Ich leb You'll never walk alone,
und ich trainiere mit Stallone!!!

Dann kommen wir in die 1. Liga,
ich fühl mich jetzt schon wie ein Sieger!

Derby

Zwei Tage noch
(gar nicht so viele),
und dann ist Derby -
Das Spiel der Spiele

3 Punkte sind wir noch voraus,
das Spiel, das ist bei uns zu Haus
Der Dichter dichtet mit Humor,
zu Haus bei uns am Millerntor

Natürlich kann alles passieren,
doch ich glaub nicht, dass wir verlieren

Pauli auf 1, HSV auf 2,
das hat's noch nie gegeben
Und falls wir wieder mal gewinnen,
kann ich da gut mit leben

Mehr möcht ich dazu
gar nicht schreiben,
und deshalb lass ich
das auch bleiben

Erst Rostock, dann der HSV,
wir wären echt die coolste Sau...

15. Spieltag
St. Pauli : HSV (2:2)

Was soll ich sagen? - Ungeschlagen!

Ach, was war das wieder schön,
gestern hab ich es gesehen
Weiter geht's zu unserm Ziel,
und jetzt haben wir einen Deal:

Der HSV bleibt Derby-Sieger,
und wir gehen in die 1. Liga

Wir machen weiter unser Ding,
und denken nur von Spiel zu Spiel
3 Punkte vor dem Zweiten,
und noch viel mehr ist unser Ziel

Ich wage jetzt schon ne Prognose,
und die geht nicht voll in die Hose:
Beim nächsten Derby sind wir viel weiter
und unsre Schultern sind noch breiter

Wir machen weiter unser Ding
und sind der 2. Liga-King!

Enttäuscht? - Nein?

Bin ich heute total frustriert?
Nein! - Wie ist denn das passiert?
Bin ich enttäuscht? Nein, ich bin froh!
Denn ich kann Jammern auf höchstem Niveau

Derzeit kann kein Verein uns schlagen,
nicht einmal der HSV -
Wer ist denn das?, hör ich dich sagen
Der letzte Stadtmeister? Genau

Die letzte Niederlage? - Sei Still!!!
(Alesia) War im April,
gegen den anderen Verein,
das war nicht schön, sollte nicht sein

Wollen wir doch
mal einfach sehen,
wo wir momentan
nun stehen:

22 Spiele ohne Niederlage,
wirklich kein Grund für eine Klage
Noch immer das Maß aller Dinge
(You'll never walk alone, ich singe)

Das war gestern gar kein Mist,
ein Punkt, der wirklich Gold wert ist
Und wenn wir weiter nicht verlieren,
kann eigentlich auch nichts passieren

Ich sage ja nur, wie es ist,
und bleibe weiter Optimist
Das beste Pauli aller Zeiten
werde ich weiterhin begleiten

DFB-Pokal
Homburg : St. Pauli (1:4)

Ich stelle meine Stiefel raus,
denn heute ist ja Nikolaus
Und in den Stiefeln ist was drin:
Pauli bekam es wieder hin

Die nächste Runde ist erreicht,
und das war wirklich echt nicht leicht
Aber der Einsatz tat sich lohnen,
bringt 1,7 Millionen

Die 1. Halbzeit war nicht schön,
die 2. wieder souverän
Immer noch ein Pauli-Jahr,
unfassbar schön und wunderbar!

DFB-Pokal II
Schade

Der HSV, er ist jetzt raus,
und ich hab's nicht gesehen
Verlängerung? Elfmeterschießen?
Dann lieber schlafen gehen

Fussie bis spät in die Nacht,
das hat es für mich nicht gebracht
Vielleicht nix gut wär richtiger,
der Schlaf, der war mir wichtiger

Zwei Spiele noch in diesem Jahr,
was soll ich dazu sagen?
Pauli ist einfach wunderbar,
bleiben wir ungeschlagen?

16. Spieltag
Osnabrück (Platz 18) : St. Pauli (Platz 1) 1:1
Oder: Noch Luft nach oben..

Gestern, da ging es fast schief,
aber ich seh es positiv
Noch immer sind wir ungeschlagen,
und alle anderen wollen uns jagen

Das war auch gestern nicht so doll,
aber ein Punkt ist wundervoll
Kritik will ich nicht übertreiben,
und wir werden Erster bleiben

Kann uns nicht in den Himmel loben,
noch ist da sehr viel Luft nach oben –
Das ist wieder Jammern auf höchstem Niveau,
Pauli macht mich doch sehr froh!

Osnabrück im Abstiegskampf
machte Pauli richtig Dampf
Und was für mein St. Pauli spricht:
So richtig schlecht waren wir nicht

Und würden wir mehr aus Chancen machen,
hätten wir mehr Grund zum Lachen
Die Saison, sie ist noch lang,
doch Pauli macht mich gar nicht bang!

17. Spieltag
Pauli : Wehen Wiesbaden (1:1)
Oder: Chancenauswertung...

Wenn man so spielt,
ist das nämlich
so was von
unfassbar dämlich

Nun Winterpause,
ich bin froh,
mit Jammern auf
höchstem Niveau

Gut, dass wir
noch Fehler haben,
daran können sich
die Kieler laben

Endlich nicht mehr
Spitzenreiter,
aber Lebbe,
das geht weiter

Falls das mit Aufstieg klappen soll,
sind solche Spiele nicht so toll,
und die Wahrheit, sie ist nackt,
der Aufstieg, der wird *so* verkackt

Trotzdem ist das kaum Grund zum Klagen,
wir sind noch immer ungeschlagen
Chancenwucher ist das Thema,
das macht den Weg jetzt unbequemer

Trotzdem das beste Pauli-Jahr,
ist der Aufstieg in Gefahr?
Das sind doch ungelegte Eier,
es gibt ne Pauli-Weihnachtsfeier

Solche Spiele? Totaler Mist,
aber ich bleibe Optimist
Und gönn mir eine Dichterpause,
da bin ich voll Kulturbanause...

Jahresabschlusstabelle (und ich mache die Welle...)

PL.	MANNSCHAFT	SP.	S	U	V	TORE	DIFF.	PKT
1	St. Pauli	34	21	11	2	63:29	34	74
2	Hamburg	34	18	9	7	74:48	26	63
3	Düsseldorf	34	18	8	8	71:44	27	62
4	Paderborn	34	16	8	10	61:50	11	56
5	Holstein Kiel	34	17	5	12	61:56	5	56
6	Fürth	34	14	8	12	52:44	8	50
7	Karlsruhe	34	13	10	11	60:53	7	49
8	Magdeburg	34	12	10	12	58:50	8	46
9	Nürnberg	34	12	8	14	40:57	-17	44
10	Hannover	34	10	10	14	55:60	-5	40
11	Rostock	34	11	4	19	32:53	-21	37
12	Heidenheim	17	10	4	3	34:16	18	34
13	K'lautern	34	9	7	18	46:61	-15	34
14	Braunschweig	34	9	5	20	40:64	-24	32
15	Darmstadt	17	10	1	6	23:18	5	31
16	Hertha BSC	17	7	4	6	33:26	7	25
17	Elversberg	17	7	3	7	26:29	-3	24
18	Wehen	17	6	4	7	19:22	-3	22
19	Schalke	17	6	2	9	31:35	-4	20
20	Bielefeld	17	4	5	8	27:34	-7	17
21	Regensburg	17	3	3	11	14:28	-14	12
22	Sandhausen	17	3	3	11	14:34	-20	12
23	Osnabrück	17	1	6	10	15:38	-23	9

Das noch einmal vor mir sehen.
Das ist doch einfach wunderschön
In der stärksten aller Ligen
wären wir jetzt aufgestiegen...

In einem Jahr 2 Niederlagen,
was soll ich dazu nur sagen?
Was ist in einem halben Jahr?
Ist da noch alles wunderbar?

Wer dann wohl Aufsteiger ist?
Ich bin ja nun mal Optimist
St. Pauli ist dann mit dabei,
und sagt *Tschüss Bundesliga 2*

Vielleicht dann auch der HSV,
heut weiß man es noch nicht genau,
ob Walter sich noch ändern kann,
Zukunftsmusik, das sehen wir dann

Pauli wird so weitermachen,
selten weinen und oft lachen
Am besten weiter nicht verlieren,
dann kann uns auch nix passieren

Für heute mach ich dann mal Schluss,
ein Jahr ohne Pauli-Verdruss
Ich zieh vor Pauli meinen Hut,
dieses Jahr, das war sehr gut!!!

Happy New Year!

Nicht korrekt!

Mittelfinger hoch
(am Arsch geleckt):
Politisch bin ich
nicht korrekt!

Manche bekommen
beim Wort Gender
nen Priapismus
(Dauerständer)

Bei Worten könnt ihr
lange warten,
Worte ändern nichts,
sondern nur Taten!!!

Die Rückrunde startet...

Wird das wieder ein Pauli-Jahr?
Das wäre einfach wunderbar
Ich will da einfach mal vertrauen
und entspannt nach vorne schauen

Nur Pauli ist noch ungeschlagen,
bleibt es so, kann ich nicht klagen
Heute kommen die vom Betzenberg;
sind die für uns ein Fußball-Zwerg?

Sicher nicht, es wird nicht leicht,
aber wir haben schon viel erreicht
Wenn wir wie bisher weitermachen,
lassen wir es ordentlich krachen

Bin nicht nervös heut, bin entspannt
meditativ im Pauli-Land...

18. Spieltag
St. Pauli : Kaiserslautern (2:0)
Einfach schön!

Ich finde, es ist einfach schön,
von Pauli so ein Spiel zu sehen
Gewonnen, mit Können und viel Glück,
Tabellenführung ist zurück

Es war echt ein geiles Spiel,
wir bleiben auf Kurs (der Weg zum Ziel)
Ich kann stolz die Mannschaft loben,
obwohl: da ist viel Luft nach oben

Kein Reim, der darauf so gut klung:
Das Manko Chancenauswertung
Sollten wir noch besser werden,
dann kann nur allen bange werden

St. Pauli kann dann niemand toppen,
und wir sind nicht mehr zu stoppen
Der letzte Spieltag ist noch fern,
doch so hab ich mein Pauli gern:

Wir haben alles rausgehauen,
und darauf können wir weiterbauen
Entspannt lehne ich mich zurück,
genieße heute pures Glück

19. Spieltag
Düsseldorf : St. Pauli (1:2)
Oder: Wenn man nicht verlieren kann...

Wenn man nicht verlieren kann,
dann ist das ganz schön scheiße, Mann
Aber, nun der Dichter spricht:
bei Pauli, da ist es das nicht

4 Punkte Abstand auf Platz 2
Pauli ist ganz vorn dabei
Den Düsseldorfern ist's egal
morgen das Heimspiel, im Pokal

Manchmal kann ich's nicht begreifen,
manchmal muss ich mich echt kneifen
(Nun setz ich es in die Klammer:
FC St. Pauli ist der Hammer!)

Die Saison ist noch so lang,
und immer noch läuft alles gut,
und das ich nun kein Aber find -
das ist doch so richtig gut

Im Moment tut gar nichts weh,
und ich glaub an meinen FC
Das Leben, es nimmt seinen Lauf,
geht es so weiter, steigen wir auf

Ach, zu viel Demut muss nicht sein,
ich glaub an Pauli, meinen Verein
Nun werd ich meine Schultern straffen:
Wir steigen auf, wir werden's schaffen!!!

Schade, schade, schade...
St Pauli : Düsseldorf (3:4)

Nun schreib ich mal eine Ballade,
vorgestern, das war wirklich schade
Die Niederlage nicht vermieden,
sind wir nun mal ausgeschieden

Bye, bye DFB-Pokal -
und Kritiker? - Ihr könnt uns mal!
Es musste irgendwann passieren,
dass wir mit Pauli mal verlieren

27 Spiele (Pflicht) -
schlecht ist so was wirklich nicht!
Die Serie, sie ist gerissen,
aber uns geht's nicht beschissen

Heut in 3 Tagen geht es weiter,
für die beliebten Pauli-Fighter
Zu Hause gegen Greuter Fürth,
nun ratet mal, wer da verliert?

Im Pokal, da ging es schief,
aber ich bleibe positiv!

Und wer ein Happy End echt mag,
für den ist das jetzt abgehakt
19 Spiele ungeschlagen,
mehr kann man eigentlich nicht sagen...

20. Spieltag
St. Pauli : Fürth (2:1)

Dann sind wir Helden...
(nicht nur für einen Tag...)

Erinnerungen werden nicht verblassen,
ich hab mir etwas Zeit gelassen
In der Zukunft: Heldensagen -
noch immer sind wir ungeschlagen

Zumindest in der 2. Liga
war bisher nie der andere Sieger
Raus ist Pauli im Pokal,
aber das ist fast egal

Ich gebe zu, ich schlafe viel,
Erholung ist ja auch ein Ziel
Die letzten Monate waren hart,
warum?, das bleibt komplett privat!

Schlaf ist das Stichwort,
hätte Ditsche gesagt
Und dieser Reim
ist nicht gewagt

St. Pauli lässt es weiter krachen,
und ich hab Angst, mal aufzuwachen
Aber (wie ihr's geschrieben seht):
Kein Traum, es ist Realität!

Ab Platz 2, da ist ein Stau,
5 Punkte weg, der HSV
ist Zweiter, Pauli auf dem Thron,
das Maß aller Dinge, die Sensation

Ich möchte es echt wirklich sehn,
der Aufstieg wär unfassbar schön
Sprich, er würd mir sehr gut gefallen,
dann lasse ich die Korken knallen

So was passiert nun mal sehr selden,
Pauli-Spieler sind alle Helden
Und das nicht nur für einen Tag,
sagt, wer sie liebt, und nicht nur mag

Und damit schließ ich das Gedicht:
Schlecht spielt St. Pauli wirklich nicht!!! (-;

Magdeburg: St. Pauli (1:0)
Endlich...

Unsere Serie ist gerissen,
ich find das gar nicht so beschissen
Unheimlich wird es irgendwann,
wenn man nicht mehr verlieren kann

Torwartfehler kommen auch mal vor,
weiß gerade ich (der mit Humor)
Shit happens, hier kommt kein Gelaber,
und erst recht kein großes Aber

Wir gewinnen zusammen,
und wir verlieren zusammen
Der beste Club auf dieser Welt,
und jeder Spieler ist ein Held!

Und Fehler macht jeder,
das kommt nun mal vor,
auch bei nem Spieler
vom Millerntor

Und wenn ich ohne Fehler wär,
wär ich schon lange Millionär
Deshalb geh ich noch etwas deeper:
Wir haben einen Spitzenkeeper!

Und so weit oben wären wir nie
ohne unseren Vasili
Fast immer kickt er sehr, sehr gut,
und er hat Eiswasser im Blut

Noch stehen wir alle sehr gut da,
und das ist einfach wunderbar
Der HSV hat's auch verkackt,
das ist für uns nicht ganz beknackt

Es sind 5 Punkte, die uns noch trennen,
wirklich gar kein Grund zum Flennen
3 Punkte hinter uns ist Kiel,
wir denken weiter von Spiel zu Spiel!

Eine große Herausforderung

Die Lage, sie ist noch nicht bös,
doch heute bin ich echt nervös
Nachher wird man wirklich sehen,
wo wir mit Pauli stehen

Ich hoffe sehr auf einen Sieg,
zumal am Millerntor
Und wenn ich das heute nicht krieg,
dann trag ich's mit Humor

Wir denken nur von Spiel zu Spiel,
am Freitag dann auswärts in Kiel,
punktgleich, falls wir nun verlieren,
also besser nichts riskieren

Darum fass ich mich mal sehr kurz,
außer nem Sieg ist alles schnurz!

St. Pauli : Braunschweig (1:0)
Oder: Ein Zittersieg
Oder: Im Stile einer Spitzenmannschaft!

Erstmal durchatmen...
Gefühle entschärfen,
das war nichts
für schwache Nerven...

Die 63. Minute,
für Pauli war das keine gute
Ab da waren wir in Unterzahl,
für meine Nerven eine Qual

Das war wirklich richtig knapp,
doch wir steigen eher auf als ab (-;
Und nun die Kieler vor der Brust,
das macht auf Spitzenfußball Lust

Und nun mal
(in der Theorie),
ich bin ein Fan
von St. Pauli

Wenn wir auch in Kiel gewinnen,
kriegen wir das mit dem Aufstieg hin
Das wären 6 Punkte auf Platz 2,
und die Köpfe wären frei

Und dann brauchen wir nicht zu klagen,
und können uns nur noch selber schlagen
Und mit dem Fußballgott im Bunde,
sind weiter wir das Team der Stunde

Vor dem Spitzenspiel

Ich brauche echt
kein gutes Spiel -
Nur einen Sieg
bei Holstein Kiel

Und das hätt
den einen Zweck,
wir wären von Kiel
6 Punkte weg

Long time ago
I had a dream
St. Pauli is
a Spitzenteam

And now really
the dream came true
The Pauli-Poet
says *Juhu* (-;

Die Fastenzeit
(mit ohne Bier)
und Kiel : St. Pauli
(3:4)

Zwei Topteams waren auf dem Platz -
Erstligareif! Ein wahrer Satz!

Allmählich glaube ich daran,
dass der Aufstieg klappen kann
Das war gefühlt schon 1. Liga,
im Spitzenspiel war Pauli Sieger

Ein starker Gegner,
ein starkes Spiel
Glücklich gewonnen
bei Holstein Kiel

Nur an den nächsten
Gegner denken
Und den Aufstieg
nicht verschenken

Nächste Saison die erste Liga
(wir sind nicht mehr so oft der Sieger),
aber wir werden die Liga rocken,
und es bleibt kein Auge trocken...

Kein Grund zum Weinen,
ein Grund zum Lachen
Pauli wird ganz viel
Freude machen!

24. Spieltag
Schalke : Pauli (3:1)
Oder: Vielleicht nix gut!

Vielleicht nix gut!,
ihr ahnt es schon:
Ne leichte Pauli-
Depression...

Am Anfang war Verletzungspech,
und der Smith war einfach wech

Die Bettelei um Gegentore,
so much Tristesse, so less Amore..
Das Unheil nahte, immer schneller,
und trieb die Stimmung in den Keller

Wir bleiben Tabellenführer, weißte,
doch 1. Halbzeit war echt scheiße!
Ich glaube heute nicht daran,
dass Pauli noch gewinnen kann

Sorry: Ne Qual für Pauli-Fans,
ich gehe in die Konferenz
Da bekomme ich keinen zu viel
Hertha 2:0 gegen Holstein Kiel

Trotzdem: So gut waren wir noch nie,
das Nonplusultra St. Pauli,
nur heute, und das ist nicht schön,
da kann man davon gar nichts sehen

3:1 gewinnt Schalke 04,
ich finde (fastenbrechend) Trost im Bier
Wir waren heut echt nicht 1. Liga,
und deshalb waren die Schalker Sieger

Pauli war heut viel zu schlecht,
und das hat sich dann gerächt
Und das haben wir davon:
Die 2. Pleite der Saison

Doch hört den Dichter,
hört ihn sagen:
*Wir können uns
nur selber schlagen!!!*

Horror

Ich liebe die Bücher von Stephen King -
und Horror ist echt voll mein Ding

Worauf ich nicht so stehe,
ist, wenn ich Horror-Fußball sehe
Und das war gestern echt der Fall,
im Horror-Land rollte der Ball

Der beste Horror: In der Phantasie,
der Grund, weshalb ich heute flieh
Da kann der Fernseher noch so flehen:
Ich will keinen Fußball sehen!

Und nächsten Sonntag ist Kultur,
wieder von Fußball keine Spur
Sondern nur Elbphilharmonie,
wobei ich nicht bewusst hinflieh

Pauli verliert auch ohne mich,
denn dazu brauchen die mich nicht!

Doch wenn wir dann die Hertha schlagen,
werd ich mich sicher nicht beklagen,
sondern ich werd mich tierisch freuen,
happy auf die Tabelle scheuen

(Boa, was für ein schlechter Reim,
ein besserer fiel mir nicht ein)
Ich geh zurück zu Stephen King,
denn das ist heute mehr mein Ding

Ich kann nicht in die Zukunft sehen,
ich glaub, das wär auch nicht so schön
Auch, wenn wir ab und zu vergeigen,
ich kann nicht sagen, ob wir aufsteigen
Das wird allein die Zukunft zeigen...

Und es ist mir nicht einerlei,
ich bleibe weiter mit dabei!

Nochmal mit einem blauen Auge davongekommen (-;

Es ist Sonntagnachmittag,
und kein Grund, dass ich mich beklag
Nicht wie gewonnen so zerronnen:
Die ersten Acht haben nicht gewonnen

HSV und Kiel
sind noch im Rennen
7 und 5 Punkte,
die uns trennen

Ich sitze hier, während ich lach,
denn ich lag ein paar Tage flach
Gleich werd ich fit nach draußen gehen,
und dieser Tag ist einfach schön

Dieser Tag ist wundervoll,
und unser Glas, es ist halbvoll!

Ein sehr schönes Wochenende

Hürzeler wird bei uns bleiben
(und nicht bei Bayern unterschreiben..)
Der beste Trainer, nicht übertrieben,
hat den Vertrag nun unterschrieben

In Stellingen ist man nicht so froh,
auch ohne Walter läuft's nicht so
Die HSV-Fans tun mir leid,
für sie ist's keine schöne Zeit

Noch haben wir alles in der Hand -
Ein Paradies, das Pauli-Land
2 Monate, 10 Tage dann...
Pauli den Aufstieg feiern kann (?)

Dann trink ich jede Menge Bier,
und ich bin noch nicht mal hier
Was mancher wohl nicht fassen kann,
dann ist mein Urlaub (Ballermann)

Obwohl, das stimmt nun nicht total,
bin in der Nähe, in El Arenal
Aber, dann bin ich nicht alone,
sondern in der Party-Zone

Wenn wir den Aufstieg wirklich machen,
dann lasse ich es ordentlich krachen
Im Pauli-Shirt, und in der Sonne
ist Aufstieg feiern eine Wonne

Zuerst, nicht dass ich Zeit vergeude,
kommt nun die Ode an die Freude:
Mit Hürzeler, und so sieht's aus,
ist Pauli echt das Freuden-Haus

Dies Wochenende: Freudentänze,
der Himmel (wieder mal) die Grenze...

25. Spieltag
St. Pauli : Hertha BSC (2:0)

Alles liegt in unsrer Hand...

Nun liegt alles in unsrer Hand,
und ja, das war schon dominant
Und das ist ja wohl auch ganz klar:
Zum Kiez gehört die Domina

Und nun zu etwas völlig anderem...
(And now to something comepletely different...)

Glauben

Ich habe
noch Glauben,
den kann mir
keiner rauben

Und Gott sei
mein Zeuge,
dass ich mich
nicht beuge

Ich werde nicht
aufgeben
ich werde
weiter leben

Mal bist du wirklich
echt ganz unten,
Und jede Hoffnung
scheint verschwunden

Und fällst du auch
von deiner Leiter,
dein Leben, das geht
trotzdem weiter

Und kommen auch finstere Zeiten,
kassierst du viel zu viele Pleiten:
Dein Kopf, er bleibt weiter erhoben,
denn der Himmel, der ist oben

Kriegst du auch
ab und zu die Knute,
du glaubst noch
weiter an das Gute!

Und was ist
des Glauben Lohn?
Einfach You'll never
walk alone!

27. Spieltag
St. Pauli : Paderborn (2:1)
Immer noch auf Kurs!

Ein Vierteljahr
ist nun geschafft,
St. Pauli hat
noch immer Kraft

Dieser Sieg heute
war schön,
Pauli war meistens
souverän

Zum Glück hat es
zum Schluss gereicht,
gegen Paderborn war es
nicht leicht

Egal, wie oft
wir nun noch siegen,
statistisch sind
wir aufgestiegen

Doch alles geben
ist weiter Pflicht,
denn noch, noch sind
wir es ja nicht

Die Fastenzeit ist nun passe,
genau wie Winter und der Schnee
Ich werde mein Bierglas erheben
(und Pauli : Bayern bald erleben...)

29. Spieltag
St. Pauli : Elversberg (3:4)
(Das Spiel nach der Niederlage in Karlsruhe...)

Unfassbar!!!

Vier Tore gegen uns erzielt,
der Aufstieg, er wird *so* verspielt
So bleiben wir in Liga 2
Mir reicht es – Das Gedicht: vorbei...

Nun doch noch nicht,
und es wird schlicht:

Aus 2:1 mach 3:4,
das war echt voll zum Kotzen hier!
Erstaunlich schwach, mit Lethargie,
das war heut mein St. Pauli

Das waren 10& zu wenig,
so wird das nix mit Liga-König
Vielleicht bin ich zu ungerecht,
aber ich fand das richtig schlecht

Den Aufstiegsglauben
hab ich verloren,
ich hoffe, er wird
neu geboren

Wir sind weit unten
in den Charts,
für mein St. Pauli
seh ich schwarz!

Und, das ist
total das Miese:
Ich habe wohl
ne Glaubenskrise)-:

High Voltage Rock'n'Roll
Oder: Spannender geht es nicht...

Einer, der sich
nicht verzieht,
das bin ich:
Der Reime-Schmied...

Morgen sind wir in Hannover,
was ich nicht will, das ist Game Over
Wenn wir da morgen gewinnen,
dann ist auch noch der Aufstieg drin

Heut Abend trink ich Bier, nicht Pril,
und sehe HSV gegen Kiel
Dem HSV drück ich die Daumen,
das können Paulianer ja kaum glaumen

Darüber mach ich keine Witze,
wir wollen beide an die spitze
Pauli wär wieder Spitzenreiter
(momentan sind wir noch Zweiter)

Geben wir 100%
und starten einen Lauf,
(und wenn die Abwehr nicht mehr pennt...)
dann steigen wir auch auf

Der Weg ist das Ziel
(Ist besser als: Das Ziel ist im Weg)

Der Fußballgott -
ich mag ihn gerne -
ist er grad
in weiter Ferne?

Der Aufstieg, er war fast geschafft,
jetzt frage ich mich: reicht die Kraft?
Alles hat sich nun verschoben,
die Kieler, sie sind ganz weit oben

6 x gewonnen, kein Gegentor,
davon träum ich am Millerntor,
da ist es gerade leicht beknackt,
die letzten Spiele wurden verkackt

Buddha sagt: Leben heißt Leiden,
und heute wird es sich entschieden,
wie unser Weg nun weiter geht,
und wo dann St. Pauli steht

Der HSV im Meer der Tränen,
das muss ich hier nun auch erwähnen,
6 Punkte weg, Relegation,
kann man fast sagen *das war es schon?*

Für den Norden wär es wundervoll
(für Fußball-Romantiker fast zu viel)
Als Aufsteiger, das wär echt toll:
St. Pauli, HSV und Kiel

Theoretisch ist noch alles drin,
und praktisch auch, wenn wir gewinnen
Ich sitze hier am frühen Morgen,
und mache mir ein wenig Sorgen

Der große Traum ist in Gefahr,
Gewinnen wär heute wunderbar
Ab jetzt dann wieder alles geben,
und wir können Liga 1 erleben...

Grund zum Optimismus

Vor drei Stunden war der Start,
und es war überhaupt nicht hart
Die Bearbeitung dieser Gedichte,
ein Blick in die Pauli-Geschichte

Ich bin so tief
hineingetaucht -
wenn *ich* das schaff -
schafft das Pauli auch!!!

Es ist noch früh, noch sehr viel möglich,
so ist es morgens im Leben täglich
Der Frühling heute sich noch ziert,
ich hoff, das Pauli nicht verliert

In einem Monat ist der Mai,
und 34 Spiele sind vorbei
Wenn wir nun noch 5 Mal siegen,
dann werden wir in die 1. Liga fliegen

Der beste Club auf dieser Welt
wird heut nicht auf den Kopf gestellt
Der Gegner Hannover vis-a-vis,
und wir sind einfach St. Pauli

Ich sagte es mehrmals,
und werd es weiter sagen:
Wir können uns
nur selber schlagen

Die letzten drei Stunden,
Stunden voll Glück
Und mein Glaube
ist zurück!

In 2 ½ Stunden,
da geht es los
Mein Optimismus?
Grenzenlos...

30. Spieltag
Hannover : St. Pauli (1:2)
Oder: Ein Befreiungsschlag

1. Halbzeit

Ich kotz im Strahl
(wieder einmal...)

Ist der Akku etwa leer?
Oder können wir es nicht mehr?
Von alter Form sehr weit entfernt,
haben wir wohl das Spielen verlernt

Aber noch bin ich
nicht entsetzt,
denn die Hoffnung
stirbt zuletzt

Unser 1:0,
es hielt nicht lange -
Hannover nahm uns
in die Zange

Wir sind grad nicht
so souverän
Das find ich
überhaupt nicht schön

Aber es ist
nicht alles Quark,
Hannover ist
als Gegner stark

Sie sind heut nicht leicht
zu bezwingen,
davon können wir
ein Liedchen singen

Nun hoffe ich
auf Halbzeit 2,
da bin ich wieder
mit dabei

Und danach erst
werden wir sehn,
wo wir mit
St. Pauli stehn

2. Halbzeit

Halbzeit 2 macht eher Glück -
Mein altes Pauli ist zurück...

Wir schaffen das!
Ich glaube dran,
dass Pauli noch
gewinnen kann

Mit dieser Halbzeit
kann ich leben,
weil wir wieder
alles geben

Vasili hilft
heut wirklich viel,
weltklasse (!), macht
ein Spitzenspiel

Und Eggestein
bringt uns zurück,
sein neuntes Tor
für's Pauli-Glück

Hannover macht uns
zwar viel Aua,
aber wir bringen
Pauli-Power

Vasili – heut
ein Torwart-Gott,
und er hält uns
im Spiel

Das Pauli-Schiff ist
wieder flott
Ich sage „DANKE,
sehr sehr viel!"

Ein Sieg für einen
guten Zweck:
Düsseldorf?
5 Punkte weg

Und nun, da trink ich
ein Glas Sekt,
das fast nach
1. Liga schmeckt... (-;

Ich fand das heute richtig cool,
und deshalb gibt's ein Snipping Tool
Als Erster sind wir nicht zur Stelle,
egal! Hier folgt nun die Tabelle...

Verein	Sp	S	U	N	T	GT	TD	Pkte	Letzte 5
1 Holstein	30	19	4	7	60	34	26	61	
2 St. Pauli	30	17	9	4	56	33	23	60	
3 Düsseldorf	30	16	7	7	64	35	29	55	
4 HSV	30	14	7	9	55	42	13	49	
5 KSC	30	12	10	8	61	45	16	46	
6 Hannover 96	30	11	12	7	52	38	14	45	
7 Hertha	30	12	8	10	62	51	11	44	
8 SC Paderborn	30	12	7	11	46	49	-3	43	
9 Greuther Fürth	30	12	6	12	40	43	-3	42	
10 Elversberg	30	11	7	12	44	52	-8	40	
11 FCN	30	10	7	13	38	56	-18	37	
12 1. FC Magdeb...	30	9	9	12	42	46	-4	36	
13 Schalke	30	10	6	14	46	56	-10	36	
14 BTSV	30	10	4	16	33	41	-8	34	
15 SV Wehen	30	8	8	14	32	41	-9	32	
16 Hansa Rostock	30	9	4	17	27	50	-23	31	
17 FCK	30	8	6	16	46	59	-13	30	
18 VfL Osnabrück	30	5	9	16	27	60	-33	24	

31. Spieltag
St. Pauli : Hansa Rostock (1:0)
Aufstiegskampf gegen Abstiegskampf

<u>1. Halbzeit</u>

Vasili mit
fünf Paraden -
so was tut uns
echt nicht schaden...

Noch hat's bei uns
nicht so gefunkt,
doch bisher immerhin
ein Punkt

<u>2. Halbzeit</u>

Pauli braucht sich
nicht verstecken,
(Bisher sind's 11
Treffer nach Ecken)

1:0, bedeutet
1. Platz
(Für Träume gibt es
keinen Ersatz!)

Am liebsten wär mir
ein Goodbye,
von der
Bundesliga 2

Wild segelt das Piratenschiff,
die Sache ham wir jetzt im Griff

Nur durch Fouls
sind wir zu stoppen,
die Rostocker sind
voll am Kloppen

Der ist so wichtig, dieser Dreier-
Das ist schon fast die Aufstiegsfeier
Der Abpfiff! - Wir haben es geschafft,
mit Astra-Bier und Pauli-Kraft (-;

Relegation (!)

So weit sind wir heute schon:
Mindestens Relegation

Die Kieler müssen
gleich noch ran,
genau wie HSV,
na dann...

Schlägt Schalke
heute Düsseldorf,
dann fände ich
das richtig schorf

Freitag ein Sieg
beim HSV,
wäre der Aufstieg
und „helau"

So etwas wie
„Pauli alaaf",
das wäre doch
unendlich scharf

Und wieder mal
ein Pauli-Jahr,
das find ich
einfach wunderbar!!!

28.04.2024

Das Wort zum Sonntag

Das Wort zum Sonntag -
eher nicht!
Hier wieder mal
der Dichter spricht

Kiel musste gestern
Federn lassen,
den 1. Platz
uns überlassen

Auch Düsseldorf
hat's nicht gepackt
1:1 bei Schalke,
ist das beknackt? (-;

Das ist wirklich allerhand,
der aktuelle Punktestand:

2 Punkte weg,
und auf Platz 2,
die Kieler, noch
voll mit dabei

Der 3. Platz, ihr wisst es schon:
(Düsseldorf), Relegation
Was man aus der Tabelle lernt:
7 Punkte sind sie nun entfernt

Und nun, ihr lieben
Pauli-Fans,
was ist davon
die Konsequenz?

Wenn wir am Freitag
den HSV besiegen,
dann sind wir sicher
aufgestiegen!!!

Der Dichter, der sich nicht beklagt,
sagt, das wird dann ein Feiertag!

Derby-Fieber

Fast nichts ist mir persönlich lieber,
als dieses irre Derby-Fieber

Ob die Nr. 1
der Stadt
heute richtig
Power hat?

Damit mein ich,
ist doch klar:
FC St. Pauli -
wunderbar!

Ob *ich* wohl
nervös heut bin?
Das Astra kühlt
schon vor sich hin...

Eines kann ich sicher sagen:
Wird der HSV geschlagen,
dann sind wir sicher aufgestiegen,
wir brauchen quasi „nur" zu siegen

Ganz Hamburg ist
im Derby-Fieber -
kaum etwas
habe ich noch lieber

Und wenn Düsseldorf verliert,
ist scheißegal, was uns passiert
Auch dann haben wir's klar geschafft
(wenn auch nicht aus eigener Kraft (-;)

Das Pauli-Leben
ist ein Traum,
und manchmal
glaube ich es kaum

St. Pauli lässt es
wieder krachen -
Und ich will
niemals mehr erwachen!

32. Spieltag
HSV : St. Pauli (1:0)

Der HSV
ist Derby-Sieger,
und wir gehen
in die 1. Liga

Ich gebe zu:
Ein hoher Preis!
Mein Fan-Herz sagt:
Was für ein Scheiß!

Die Niederlage
ist fatal,
aber ich sag:
Ist doch egal...

Nur ein Mal
müssen wir noch siegen,
und dann sind wir
aufgestiegen

Ich hoffe mal,
das kriegen wir hin,
weil ich ja
optimistisch bin (-;

33. Spieltag
Paderborn : HSV (1:0)
(Bonjour Tristesse!)

Der HSV
für Fans ein Stress,
Heut spielt er nur
„Bonjour Tristesse!"

Die letzte Chance
wurde vertan,
ein Spiel wie
voll auf Baldrian

Das war richtig, richtig
schaurig,
und irgendwie auch
furchtbar traurig

Das 7. Jahr in Liga Zwei,
der HSV ist mit dabei -
Und alle Hoffnung
ist vorbei!

Für Fans hilft nur noch
Bier und Vino
Der HSV?:
Zweitliga-Dino!

33. Spieltag
St. Pauli : Osnabrück (3:1)

Da bin ich fast sprachlos...

So hoch hingen unsere Trauben,
ich kann es immer noch kaum glauben:
13 Jahre in Liga 2,
die sind bald – endlich! - vorbei

Durchgebissen, mit allen Zähnen,
und auch bei mir flossen die Tränen
In Sektlaune, und nicht bedrückt:
Die 1. Liga, wir sind zurück!

17 Vereine
lernen es bald schnell:
Welcome to Pauli,
and welcome to hell!

Wir werden die 1. Liga rocken
und auch mal die Bayern schocken

Morgen geht's in den Urlaubs-Flieger,
heute war St. Pauli Sieger
Ein Gefühl, nicht wie ein Sieg, nein!
wie der Gewinn der Champions League

In Kiel, bei Pauli, im hohen Norden,
ist ein Traum nun wahr geworden
Ich hab es lange nicht gekannt,
doch wirklich, *nun* bin ich entspannt!

Jahrelang alles gegeben,
um diesen Tag nun zu erleben,
überall in meinem Verein,
die Anstrengung, sie war nie klein

Auch ich, Freunde, verzeiht,
war dichtend dabei, sehr lange Zeit
War meine Stimmung auch mal gedämpft,
ich habe bis zum Schluss gekämpft...

**Zweitliga-Meister
(ein Tag vor dem 34. Spieltag)**

Zweitliga-Meister -
Wie werden Zweitliga-Meister
Zweitliga-Meister -
Wie werden Zweitliga-Meister

Wir kriegen die Meisterschale,
und alles andere ist egale
Fast am Ende unsrer Kraft,
haben wir es doch geschafft...

Der „Hürzeler-Effekt"

So fußballtechnisch
lief's ziemlich arm,
bevor Hürzeler
zu uns kam

Wir waren schon
fast abgestiegen,
und mussten Neues lernen:
Siegen

Das haben wir echt
gut hinbekommen,
und uns dann wieder
freigeschwommen

Höher bis in die
höchsten Sphären,
da, wo wir ohne ihn
nie wären

Ein letztes Mal
heut alles geben,
und dann die
Meisterschale heben...

34. Spieltag
Wehen Wiesbaden : Pauli (1:2)
Es ist vollbracht
(oder auch: Es ist prachtvoll!)

1. Halbzeit

Das letzte Spiel,
das wird echt hart:
Wehen ein
Abstiegskandidat

Da müssen wir
nun alles geben,
um den Traum auch
zu erleben

0:1, wir liegen zurück,
das ist noch kein Meisterstück

Doch wer jetzt meckert,
der kann mich mal -
Unsre Entwicklung?
Kolossal!

Der Abpfiff ist
noch lange hin,
und noch ist für uns
alles drin

2:0 führt Holstein Kiel,
und ist damit schon fast am Ziel
HSV macht Hannover nass,
gewinnt die goldne Ananas

Halbzeitpause-Zwischengedicht

Die Saison
ist fast zu Ende -
Ich falte dankbar
meine Hände

Sind wir vielleicht
auch gleich kein Sieger,
wir gehen in
die 1. Liga

Und dankbar blicke
ich zurück
Der Aufstieg ist
ein Meisterstück!!!

2. Halbzeit

Das 1:1,
wir sind zurück
Doch kein FUCK, nein,
Pauli-Glück

Wir schaffen es noch
„aus dem Keller",
auf Malle trinke
ich Estrella

Ein feines Bierchen,
finde ich
Und Pauli schafft
das sicherlich

Das Estrella
perlt so schön,
man kann es an
den Reimen sehen

2:1, das Wunder
ist geschafft,
auf dem Weg
zur Meisterschaft

Nun sind es noch
10 Minuten,
lasst mein Fan-Herz
nicht mehr bluten...

Und noch 5 Minuten
Nachspielzeit -
heute Abend
bin ich breit...

Feiern auf Malle,
es geht los
Ich sage meinen
Lesern: Prost!

Was für ein
Saisonfinale
St. Pauli hat
die Meisterschale!

Ein dichterisches Nachwort

Mit der Saison
war es das schon,
bis auf die
Relegation

St. Pauli machte
Wunder wahr,
und das war
einfach wunderbar

Wehmütig blicke
ich zurück:
Was für ein
Pauli-Meisterstück

Der Abschied fällt
mir wirklich schwer
Ich sage nicht:
Ich will nicht mehr!

Das alles, das war
richtig schön
Und ich will
noch gar nicht gehen

Mein lieber Leser,
meine liebe Leserin,
ich hoff, du fandst hier
etwas Sinn

Bitte, sage ich,verzeih!,
denn ich sage dir: Goodbye!
Für dich heb ich mein Astra-Glas
Ich hoff, du hattest etwas Spaß

Vielleicht hast du
sogar gelacht,
dann hab ich fast
nix falsch gemacht

Vielleicht sehen wir uns ja bald wieder,
und dann in der 1. Liga (-:
Werden wir dann die Bayern schlagen? -
Noch kann ich dazu nichts sagen...

14.06.2024
15.07.2024

Oh Mann! Es fällt mir so schwer, mich nachträglich noch zu zensieren, und dieses Gedicht extrem zu kürzen. (Im Juli - apropos: *Das* war ein guter Film..)

Doch eines solltet ihr schon wissen:
Der „Hürzi" hat bei mir verschissen!!!

Der beste Trainer dieser Welt
hat sich selbst vom Platz gestellt

Ob ich ihn noch mag? - Oh, nein!
Was für ein Charakterschwein!
Von Charakter keine Spur,
ne Ich-AG in einer Tour

Nach Aufstiegs-Feiern
Riesenschmerzen,
ein Riss in meinem
Pauli-Herzen

Die Enttäuschung ist so groß.
um nicht zu sagen: grenzenlos!
Warum ich ihn nicht mehr mag?
Er hielt sich nicht an seinen Vertrag

Hat in England unterschrieben
(Da ist uns viel erspart geblieben)
Aber wir werden's überstehen,
den „Hürzi" will ich nicht mehr sehen

Und warum muss das so schmerzen? -
Paulianer ist man auch im Herzen
Als Paulianer sag ich Tschüss,
und ich bin wirklich not amüsed!

Es ist so bitter, dass ich sach:
Ich wein ihm keine Träne nach!!!

Ich will nicht, dass dieser Gedichtband so negativ endet. Aber im Moment ist meine Stimmung noch im Keller. Unser Aufstiegs-Trainer Fabian Hürzeler hatte monatelang geschachert, bis er endlich seinen Vertrag verlängert hatte, und das ohne Ausstiegsklausel. Und auf einmal, als die Planung für die neue Saison voll im Gange war, kam ihm die Idee, dass er doch nicht mehr St. Pauli-Trainer sein wollte, denn in England kann er ja auch viel mehr verdienen...

Ein wenig mangelt es da wohl doch an geistiger Reife, denn egal ob St. Pauli ihn gen England ziehen lässt oder nicht, der Schaden, den er angerichtet hat, ist nicht wieder gut zu machen. Und ehrlich gesagt, will ich ihn auch gar nicht mehr auf der Trainerbank sehen, denn er hat unserem Verein massiven Schaden zugefügt, und niemand steht *über* dem FC St. Pauli (auch nicht Fabian Hürzeler!)

Und falls er wider erwarten im August 2024 doch noch bei uns an der Seitenlinie stehen sollte, muss ich ihn nicht mögen. Er ist dann ein normaler Angestellter des Vereins und hat gefälligst seinen Job zu machen!

Von negativen Personen lasse ich mir meinen Gedichtband nicht kaputtmachen, deshalb: Das ist noch nicht das Ende.
Und wenn ich wieder bessere Laune habe, kommen noch ein paar positive, lustige Gedichte, momentan fallen mir aber wirklich keine ein...

Und Tschüss…

Noch einmal werd ich
von „ihm" schreiben
(Und danach
lass ich es bleiben)

Zum Glück und endlich
ist er weg,
bei Pauli hätt es
keinen Zweck

Und finanziell tut es
sich lohnen,
wohl an die
7 ½ Millionen

Langer Vertrach?
(ein Hürzi-Lach),
jetzt ist er von uns endlich „free" -
Paulianer war er dann wohl nie!

Denn von hinten
kackt die Ente -
Und es gibt keine
Komplimente!!!

And now something comepletely different...
Endlich wieder Wichtiges

Und nun brennt
nichts mehr lichterloh -
Nur Sommerpause,
ich bin froh

Der HSV bleibt
Derbysieger
Wir spielen in einer
andern Liga

Noch, da sind wir Trainer-los,
und die Erwartung, die ist groß

4 Wochen schon war ich nun krank,
ich komm nicht auf die Trainerbank
Denn ich habe schon Vertrag,
und Buchhaltung, die find *ich* stark

Und ich hab keinen Trainerschein,
deshalb bei mir wohl eher nein
Doch Torwarttrainer hätt ich Bock,
der H. hat unsern weggelockt

Leider hört auf mich ja keiner,
doch der Verein könnte sich freuen,
würde er mal auf mich hören,
denn er braucht ja keinen neuen

K.P. Nemeth ist doch schon da,
wär meine Wahl, echt wunderbar,
passt besser als ein Wonderbra,
für St. Pauli (ist doch klar)

Sommerpause

Was bin ich für ein Banause?
Kein St. Pauli - Sommerpause
Trotzdem werd ich Fußball sehen,
die EM, und das ist schön!

Heute Abend Gruppensieger?
Da sind viele aus der Liga,
zu der Paulianer auch gehören,
und das tut mich kein bisschen stören

Dem Leben send ich meinen Dank,
seit knapp 4 Wochen bin ich krank,
aber ich werd es überstehen,
St. Pauli, 1. Liga sehen

Erschein bald mit fast alter Kraft,
das habe ich schon mal geschafft
Selbst, wenn ich fluche oder schnauf -
Paulianer geben niemals auf

Er ist nun ziemlich lange fort,
was war das nochmal? Ach, der Sport
Schon sehr bald startet mein Comeback,
fast so, als war ich niemals weg

Bis dahin brauch ich viel Geduld,
und daran hat auch niemand Schuld
Ich lass mir keine Hoffnung rauben
und muss nur an mich selber glauben

Aber nun zum Fernseh-Sport,
der ist heute nicht weit fort
Heute Abend gegen die Schweiz,
das hat auch mal seinen Reiz

Und es würd mich echt nicht stören,
wenn da auch St. Paulianer wären
Aber, und das ist wunderbar,
das ändert sich im nächsten Jahr (-;

Bald werden wir die Liga rocken,
und da bleibt kein Auge trocken,
mit einem Trainer auf der Bank,
und ich bin endlich nicht mehr krank...

Immer noch da

Hey, wir sind immer noch da -
und das ist wirklich wunderbar!
Du wachst auf, und bist zurück,
was brauchst du mehr zu deinem Glück?

Und wirklich eines ist egal,
und ehrlich, das ist es total:
Was man uns vor die Füße stellt -
wir sind noch da, auf dieser Welt

Die Zukunft ist
noch nicht geschrieben,
und das ist
kein Stück übertrieben!

Aus *Casablanca* (das ist derben hier):
Wenn wir nicht atmen, sterben wir
Wenn wir nicht kämpfen, stirbt die Welt,
(ich hab mir nochmal Bier bestellt (-;)

Meine lieben Leser und Leserinnen,

nun wird es Zeit für das Nachwort.
Ich hoffe, dass dieser kleine, feine Gedichtband noch veröffentlicht werden wird. Mir fällt grade der Spruch *Lieber eine gesunde Verdorbenheit als eine verdorbene Gesundheit* ein. Und eine gesunde Verdorbenheit ist eindeutig besser!
Es wäre mir lieber, ein vor Kraft strotzender Poet zu sein, der sich hauptsächlich mit Fußball und dem FC St. Pauli beschäftigt. Aber leider ist dem nicht so! Direkt nach meinem Urlaub im Mai bin ich krank geworden. Und ich will und darf mich nicht gedanklich weiter damit befassen, wie gefährlich Kinderkrankheiten mit schweren Verläufen im Erwachsenenalter sind, wenn sie gleich mit hammerharten Folgeerkrankungen fortgesetzt werden...

Aber ich bin ein positiv denkender Mensch (bei einigen Gedichten mag der geneigte Leser mir da eventuell widersprechen (-;).

Das erste Halbjahr 2024 ist fast vorbei. St. Pauli wird, mit dem neuen Trainer Alexander Blessin, nächste Saison in der 1. Liga spielen.
Und wenn ich Glück habe, werde ich nächste Saison wieder zum Millerntor pilgern können und noch diesen Gedichtband herausbringen. Das

wäre sehr schön! Aber falls nicht, kann ich es auch nicht ändern, dann ist das eben so! - Und ein weiteres Highlight (vor der 1. Liga) wird eventuell der Deutsche Sieg bei der Europa-Meisterschaft im eigenen Land sein, das würde mich sehr freuen.

Die Arbeit an den Gedichten hat wieder sehr viel Spaß gemacht, und ich hoffe, ein paar Gedichte werden meiner Leserschaft gefallen.

Das 2. Halbjahr 2024 beginnt morgen. Und das Schöne ist, dass du noch hier bist (und liest) und dass ich noch hier bin (und schreibe)! (Denn die Überarbeitung und Fertigstellung über Book on Demand dauert etwa einen Monat. Und ohne die Fertigstellung könnte das hier ja sowieso niemand lesen (-;) Viel später als geplant, wird die Veröffentlichung meiner Fußball-Gedichte sein. Und während ich noch am Nachwort und den Gedichten herumbastele, ist es schon Ende Juli, und ich bin immer noch nicht wieder fit, habe aber trotzdem gute Laune . (Das Datum oben stimmt also schon mal nicht (-;)

Nun denn, vielleicht hörst du nächste Saison wieder was von mir, und es gibt Pauli-Gedichte aus der 1. Liga oder wir sehen uns mal auf einer Dichterlesung. Die Zukunft wird es zeigen.

Die Zukunft ist noch unbekannt

Die Zukunft ist noch unbekannt,
aber sie liegt in unserer Hand
Und das ist kein Stück übertrieben:
Die Zukunft ist noch nicht geschrieben!!!

Meine lieben Freunde, genießt euer Leben (und bleibt gesund!)

Forza St. Pauli!
Euer Reime-Schmied
Stephan

Angaben zum Autor

Stephan de Vogel, 57 Jahre alt. Ich lebe und arbeite in der schönsten Stadt der Welt (Hamburg).

Seit den Achtzigern bin ich Fan des FC St. Pauli und etwa genauso lange schreibe ich auch schon Fußball-Gedichte. - Dies ist inzwischen der 8. Gedichtband und ein Ende ist nicht abzusehen...

Fast 10 Jahre spielte ich selber Fußball, in Freizeit-Teams und für die Marathon-Abteilung des FC St. Pauli. Leider machen die Augen mit Grauem Star nicht mehr so gut mit, wie ich es gerne hätte. Aber, um es operieren lassen zu können sehe ich für die Krankenkasse noch zu gut. Bloß für das Tor reicht es leider nicht mehr, da bekomme ich einfach zu oft den Ball in die Fresse statt ihn zu halten(-;

Ansonsten bin ich (natürlich) Fan des FC St. Pauli und sehe mir jedes Spiel an, und bin ab der nächsten Saison auch endlich wieder live im Stadion...

Inhsltsverzeichnis

Mai 2024

Juni 2024

Der beste Trainer dieser Welt...

P.S.: Falls ihr mehr von mir lesen möchtet, auf den nächsten Seiten ist eine Auswahl. (Die Collagen gehörten mit zu meinen Bewerbungsunterlagen beim FC St. Pauli...)